Friedrich Weinreb
GottMutter

Friedrich Weinreb

GottMutter

Die weibliche Seite Gottes

Textfassung: Christian Schneider

Thauros Verlag
Weiler im Allgäu

Autorisierte schriftliche Ausarbeitung von
Vorträgen zum Thema »Die Weiblichkeit Gottes«,
die Friedrich Weinreb am 21. Juni 1987 im
Bildungshaus Batschuns/Vorarlberg gehalten hat.
Das Abschreiben der Tonbänder besorgte Antonie
Schneider, die Textfassung und Redaktion
Christian Schneider.

1.–3. Tausend
© 1990 Thauros Verlag GmbH
Jakob-Huber-Straße 9   D-8999 Weiler im Allgäu
Typographie Rudolf Paulus Gorbach
Herstellung Gorbach GmbH Buchendorf
Gesetzt aus der Trump Mediäval
und gedruckt bei Kösel in Kempten
Bindung bei Nething in Weilheim/Teck
ISBN 3-88411-040-3
Printed in Germany

Inhalt

5

Vorwort des Verlegers

Die Schrift betont an vielen Stellen, daß wir uns keine Bilder, keine festgelegten Vorstellungen von Gott machen können. Denn wir neigen wohl sehr zu Einseitigkeiten, und gerade dies scheint Gottferne hervorzurufen. Die unser Gesellschafts-Spiel, besser vielleicht: unseren Gesellschafts-Ernst, ständig neu stimulierende Frage: Wer beherrscht wen?, hat auch vor der Bibel nicht haltgemacht. Wer die Bibel als Geschichtsbuch betrachtet, wird in ihr für die Herrschsucht der Männer und die Unterdrückung der Frauen manche Bestätigung herauslesen können – um den Preis allerdings, daß er dann sehr vieles, in dieser einseitigen Leseart Unverständliches, weglassen, ausblenden muß. Damit ist die Ganzheit der Schrift zerstört, ihr Sinn als Heilige Schrift verfehlt. Das wiederum ist unbefriedigend, oft sogar beunruhigend für Menschen, die trotz allem an der Heiligkeit der Schrift festhalten wollen. In solcher Verwirrung ein klärendes Wort zu sprechen, ist, wie sich auch in diesem Büchlein zeigt, Friedrich Weinrebs eigentliche Lebensaufgabe gewesen. Es vereinigt die Mitteilungen von vier seiner Vortragsstunden, und wenn es wenigstens ansatzweise gelungen ist, etwas vom Spontanen, Bewegten und Bewegenden des Redners, der frei und ganz seiner momentanen Inspiration hingegeben sprach, in der Lektüre miterleben zu lassen, dann mag dies unmittelbarer die fortdauernde Lebendigkeit Friedrich Weinrebs bezeugen, als es in Aufsätzen zu seinem Gedächtnis möglich wäre. Selten hat er sowohl sein Schicksal als auch sein Geschick als Redner und Schriftsteller so schlicht und gültig ausgedrückt, wie gerade während dieser Stunden im Vorarlberger Bildungshaus Batschuns: »Wir könnten leicht schwerwiegende Fragen und Spaltungen überbrücken, wenn wir das Wort sprechen ließen. Dann hat nicht der oder jener recht, sondern das Wort. Und das Wort ist Gott. Das Wort ist vor allen Meinungen da, im Anfang schon, bei der Schöpfung.«

Aus diesem Geist heraus wird die Sicht auf überraschende Zusammenhänge frei und das Beschränkte mancher aggressiv geführten Kontroverse offenkundig. Aus Gefühlen weiter Distanzen, aus Verlorenheit und Verlassensein kommt es zur Kurzschlußreaktion, gesellschaftliches Elend Gott, der Bibel und der Religion anzulasten. »Ewig, meinen sie, sei unendlich, aber gerade das Gegenteil ist der Fall. Ewig ist innig, nah, alles ganz intim«, sagt Weinreb, und den Menschen diese Nähe wieder erleben zu lassen, war seine größte Freude.

Weiler im Allgäu, 11. August 1990
Christian Schneider

Einheit Gottes als Vielheit der Welt

*V*on Gottes »Weiblichkeit« zu sprechen, ist heute ein herausforderndes Thema. Es könnte da eine Art Streit entstehen mit einer Auffassung von der »Männlichkeit« Gottes. Wer hat dann recht? Ist Gott mehr männlich oder mehr weiblich? Ich habe einmal bei einer Tagung miterlebt, daß einige Damen im Zusammenhang mit der Bibel ziemlich aggressiv über die Weiblichkeit sprachen, und das war für mich fast zum Ekeln.

Über die Stellung der Frau in der Gesellschaft möchte ich hier nicht sprechen. Natürlich ist mir klar, daß in der Gesellschaft Gerechtigkeit herrschen muß, und natürlich soll nicht einer über den anderen herrschen, weder der Mann über die Frau noch die Frau über den Mann. Vielmehr soll jeder den anderen achten, seine Würde sehen und einsehen, und nicht mit Behauptungen wie »Wir sind mehr« oder »Ihr habt uns unterdrückt« Streit anfangen. Gerade beim Thema Gott kommen Schwierigkeiten, wenn man diese gesellschaftlichen Auseinandersetzungen hineinbringt. Ich will deshalb hier ganz frei darüber sprechen. Ich möchte zu dem, was ich sage, auch vollkommen stehen können. Und ich muß auch überzeugt sein von der Wahrheit, die ich ausspreche. Was sollte es für einen Sinn haben, hier irgendwelche Phrasen, Behauptungen oder sogar Lügen zu lancieren? Ich möchte nach Wahrheit überlegen, die Wahrheit sagen. Dazu sind wir doch im Leben da, damit wir nach Wahrhaftigkeit leben können; damit wir fragen: Wer sind wir? Woher kommen wir? Wohin gehen wir? Was ist überhaupt los im Leben?

Gott ist für mich dann nicht mehr eine Sache, eine Art von Theorie, eine philosophische Angelegenheit. Gott ist mir gerade am nächsten, wenn ich überlege, woher ich komme und wohin ich gehe. Dann fühle ich, wir sind alle Kinder Gottes, wir alle gehen nach Hause, ins Haus des Vaters mit den vielen Wohnungen.

Gott ist uns zuallererst einmal Vater und Mutter in einem. Da kommen wir gar nicht auf den Gedanken, zwischen Vater und Mutter zu unterscheiden. Auch bei dem Gebet aus dem Matthäusevangelium, wo wir »Vater unser im Himmel« sagen, ist der Name und die Anwesenheit und die Wirklichkeit der Mutter einbezogen.

Was sagt uns der Name Gott? Ich weiß nicht genau, was dieser Name in der deutschen Sprache bedeutet. Aber da ich die Bibel in der Sprache der Bibel selbst, dem Hebräischen, sehr gut kenne, sollten wir, glaube ich, versuchen, uns den Namen Gott von dorther etwas näher zu bringen. Denn das Wort Gott ist schnell benutzt, und das zeigt schon, daß wir mit dem Namen Gott, mit dem Gedanken an Gott ziemlich beladen sind. Gerade auch zum Fluchen führt man Gott schnell im Mund, weil man spürt, es ist eine große Angelegenheit. Es stört uns sehr oft, daß es Gott überhaupt gibt und wir nicht wissen, wer oder was er ist.

Was aber sagt die Sprache der Bibel selbst über Gott aus?

Der hebräische Name lautet »elohim«. Er sagt eine Mehrzahl aus, wir wissen aber, nehmen an, empfinden, daß es *einer* ist, einer in der Person, eine göttliche Person also, die wir dann auch als unseren Vater im Himmel ansprechen.

Eine Person also, aber in der Mehrzahlform. Mehrzahl wovon? Nun, von allem, was wir uns überhaupt nur ausdenken können, die Mehrzahl auch der vielen, vielen Menschen, die es gibt. Für jeden einzelnen von ihnen ist Gott eine Einheit. Und es sind viele einzelne, die sagen: *mein* Gott, und sie sagen es in ihren vielen, ganz unterschiedlichen Lebensmomenten, manchmal im

Glück, manchmal in Verzweiflung, manchmal in Freude oder in großer Liebe. Und wenn wir heute so ungefähr fünf Milliarden Menschen in der Welt zählen, dann wäre Gott *alle* Gedanken und Empfindungen dieser Menschen in allen ihren Lebensmomenten in einer Einheit. Nicht also das ist Gott, was *einer* denkt, sei es ein wichtiger Mensch, berühmter Schriftsteller, Künstler oder Kirchenfürst, sondern was alle wünschen, empfinden, erleben, alle, ohne Ausnahme. Denn hier kann nichts fehlen, bei Gott ist nichts ausgeschlossen. Fehlt etwas, dann ist die Vollkommenheit gestört. Vollkommenheit bedeutet, daß *alles* anwesend ist.

Ich kann mir Vollkommenheit bei mir selber nicht vorstellen, immer bin ich ein bißchen verwirrt, ein bißchen aufgeregt, ein bißchen böse oder ein bißchen abgelenkt. Ich kann einfach nicht vollkommen sein, wie sehr ich es auch vielleicht möchte. Zwar bin ich manchmal schon sehr wach, aber gleich bin ich dann auch wieder müde. Ich weiß also, daß ich mich nur nach Vollkommenheit sehnen kann, und ich weiß aus Erfahrung, daß ich sie nie erreiche, nur ein wenig in Gedanken und Vorstellungen der Hoffnung. Einer aber soll da sein, mir gegenüber, der vollkommen ist. Das kann ich mir vorstellen, dem gilt meine Sehnsucht. Aber nicht nur meine, sondern auch die aller Menschen, die sich nach Vollkommenheit sehnen, nach Güte, nach Freude, nach Glück, nach Ewigkeit – jeder auf seine Art.

Das sind, könnte man sagen, Beziehungen zu Gott, zum einen Gott. Und Gott hat die Vielheit dieser Beziehungen als Einheit in sich. Daß vieles, dieses und jenes und jenes zusammen eine Einheit bilden, ist also schon der Versuch einer Deutung des Namens Gottes. Wenn wir eine Landkarte, einen Globus sehen, mit den verschiedenen Ländern, den Bergen und Ebenen, braun und grün, den Meeren blau, dann wissen wir, zusammen ist es die Erde. Auch die Erde ist eine Einheit sehr vieler Verschiedenheiten, Wüsten, Wälder, ewiges Eis, heiß und kalt – alles ist da. So ist Gott eine Einheit von allen Menschen, die es auf der Erde gibt. Aber nicht nur der heute lebenden, sondern auch der von früher, vor hundert oder vor tausend Jahren, und auch derer, die erst in hundert oder in tausend Jahren leben werden, denn auch dann wird vielleicht Menschheit und Welt sein. Es ist nicht nur die Einheit des Zeitmomentes, den wir erleben, sondern die

Einheit aller Zeitmomente, die in der Welt waren und sein werden – eine Einheit von allem zusammen. Die Einheit Gottes ist die Vielheit aus allen Zeiten und allen Weltmöglichkeiten, allen Wirklichkeiten. Unvorstellbar – und dennoch das Äußerste dessen, was wir hoffen, erwarten, ersehnen können.

Männlich und weiblich

Der Name »elohim« sagt also diese Mehrzahl aus, diese Vielheit; es handelt sich dabei um die *männliche* Mehrzahlform. Männlich, weiblich – was bedeuten diese Begriffe im Hebräischen? Die Sprache selbst, die Worte selbst sollten wir als erstes sprechen lassen, dann kommen wir gar nicht erst in die Lage, für diese oder jene Auffassung Partei zu ergreifen, weil sie uns aus irgendwelchen Gründen gerade besser ins Konzept paßt.

»Sachar«, das hebräische Wort für männlich, könnte vielleicht auch einmal mit »Mann« übersetzt werden und bezeichnet dann einen Menschen männlichen Geschlechts, eigentlich aber bedeutet es etwas ganz anderes. Am ehesten könnte man es mit »erinnern«, »gedenken« übersetzen. In der Schöpfungsgeschichte heißt es, daß der Mensch »männlich und weiblich« erschaffen wird, erst später ist von »Mann« und »Frau« die Rede. »Männlich« ist, dem hebräischen Wort nach, »innen«. Und unser eigenes Inneres erschließt uns unsere Er-innerung, die im Nichtbewußten vielleicht sehr weit, bis zu den Urzeiten zurückreicht, wo wir bei Gott sind, in Gott sind, und Gott in uns ist.

Erinnerung ist nicht auf das beschränkt, was ich noch von gestern oder von vor zehn Jahren weiß. Das Erinnern geht viel tiefer: Ich verliere mich in der Erinnerung, die mich selbst einbezieht. Meine Erbmasse, meine Gene erinnern sich ihrer Ahnen, von denen ich nicht einmal ahnen kann, wer sie waren. Jahrhunderte-, jahrtausendelang hat jeder von uns Ahnen gehabt. Und bei den Tieren genauso, Hunde, Katzen haben ihre Ahnen, alle Lebewesen. Erinnern geht also vielleicht viel weiter, als wir uns vorstellen können.

Wir haben von der Vielheit gesprochen, und wir haben im Namen Gottes die Einheit der Vielheit erkannt. Es ist aber nicht nur die Vielheit der Menschen und ihrer Lebensmomente in der Vergangenheit, der Gegenwart und der Zu-

kunft, es ist auch die Vielheit der Tiere: Säuge-
tiere, Vögel, Fische, Insekten; ebenso die Pflan-
zen, diese Rose, jener Baum – alles ist in die
Vielheit des »dieses«, des »ele« einbezogen. Wor-
auf immer wir hinweisen können – »dieses!« –
der Stein, die Sonne, der Mond – all das ist eine
Einheit bei Gott, eine Mehrzahl männlich, eine
Vielheit in der Erinnerung; das heißt, innen ist
sie da, auch im Menschen. So geht es unmittelbar
aus dem Wort in der Sprache der Bibel hervor.
Und da ich in dieser Sprache zu Hause bin, sie
durch und durch kenne, lebe ich in ihr, erlebe
mich im Wort.

Innerlich also, »männlich«, nicht äußerlich,
sagt der Name »elohim« Mehrzahl. Und innerlich meint, daß es noch verborgen ist. Man kann
sein Inneres noch nicht sehen, man kann sich nur
vorstellen, wie man sein möchte. Aber wer man
wirklich ist – wie sollte man das ausdrücken
können, da man sein Inneres nicht kennt, geschweige denn, daß andere es kennen könnten?
Vielleicht erhält man manchmal eine Ahnung
davon, aus dem Timbre der Stimme oder aus
einem Augenaufschlag, aber von »kennen« kann
dabei doch keine Rede sein. Es sind Verborgenheiten, und nur die Liebe könnte vielleicht eine

Beziehung zu den Verborgenheiten des anderen
entstehen lassen. Aber der andere müßte diese
Liebe als Geliebter dann auch empfangen wollen,
selbst liebend entgegenkommen, damit sich sein
Inneres ein wenig für den anderen öffnet. Ein
wenig – denn wir wissen, daß das Innere auch für
den Allernächsten, den Ehepartner zum Beispiel,
ein Rätsel bleibt. Zwar erlebt man gemeinsam
vieles sehr intim, sehr innig, doch wenn man
dabei nicht einmal sich selbst recht kennt, wie
dann den Partner, wenn er auch sehr liebt und
geliebt sein mag? Muß man nicht oft im Leben
Dinge tun und Worte sagen, die nicht mit dem
übereinstimmen, was man eigentlich von sich
erwartet? Wir spüren nur zu gut, daß das Gute,
das Ehrliche, das wir tun wollen, uns vielleicht
zum Teil, oft aber gar nicht gelingt.

»Männlich« heißt in der Sprache der Bibel
also das »Innere«. Was meint dann »weiblich«?
Das Umhüllende, das Verhüllende. »Weiblich«
wird bei Männern *und* Frauen ihre Erscheinung,
ihre Hülle genannt, »männlich« ihr Inneres, das
Verborgene. Der Mensch also ist erscheinend
und verborgen, das heißt, weiblich und männlich. Es gibt Zeiten, in denen man eher verborgen
ist, sich nicht äußern kann; introvertiert, heißt

das dann, das Männliche ist stärker. Beim extravertierten Typus dagegen steht das Weibliche im Vordergrund, und manchmal prägt das gerade einen betont seine Männlichkeit zur Schau stellenden Mann!

In jedem von uns, Mann oder Frau, dominiert einmal das Männliche, dann wieder das Weibliche, je nach Stimmung oder Umgebung oder Situation.

Im Hebräischen lehren es die Worte selbst, daß »männlich« und »weiblich« sich nicht in geschlechtsunterscheidenden Bezeichnungen erschöpfen, sondern viel mehr bedeuten. Jeder Mensch, jedes Tier, ob männlichen oder weiblichen Geschlechtes, *erscheint* hier, ist zu sehen. Und indem ein Lebewesen erscheint, verhüllt, verbirgt es sein Inneres. Das ist von selber so. Mein Inneres ist vor mir selbst ganz verborgen. Ich kann mir, wie ich schon sagte, gewisse Vorstellungen davon machen; aber ich könnte mir aus allerlei Beweggründen dabei auch etwas »vormachen«, also einem Trugbild meines Innern verfallen.

Der weibliche Herr

Der Ausgangspunkt unserer bisherigen Überlegungen war der Name Gott, hebräisch also »elohim«. Ich möchte jetzt zur anderen Seite des Namens Gottes übergehen. Wir sprechen doch auch von Gott dem Herrn oder dem Herrgott. Diese Ausdrücke haben ihren Ursprung natürlich im biblischen Hebräisch. Der Name »Herr« tönt im Deutschen sehr männlich; es heißt Gott der Herr und Herrgott, und nicht Gott die Frau und Fraugott. Es mag Sie nun ziemlich überraschen, wenn ich Ihnen hier sagen muß, daß das mit »Herr« übersetzte Wort im Hebräischen ein weibliches Wort ist. Der Name Gott in der Mehrzahlform männlich, der Name Herr in der Einzahlform weiblich. Wenn ich also Herrgott ausspreche, weiß ich gleichzeitig – die Sprache, das Wort selbst legt es mir in den Mund –: weiblicher Gott! Merkwürdig, wie die Sprache uns verwirren kann.

In manchen Übersetzungen wird dieser Name Gottes nicht mit »der Herr«, sondern hebräisch wiedergegeben, als Jehova oder Jahwe. Zugrunde liegt der Stamm »howe«: das Sein; »je« und »hova« oder »jah« und »we«. Und das Sein ist das

immer gegenwärtige Sein: gegenwärtig in Vergangenheit, gegenwärtig heute und gegenwärtig
in Zukunft. Das Sein spricht im Hebräischen wie
im Deutschen von Immer-da-sein; das Sein, es ist
da. Wir benutzen dieses Wort sehr häufig, ohne
darüber nachzudenken. Das »je« vor dem
»howe« ist die dritte Person; wörtlich also: Er,
ein Er ist das Sein, Er-Sein. Das Sein, wenn es mit
einem Er ausgesprochen wird, erscheint in weiblicher Form. Das Wort Er ist männlich, aber die
Seins-Form weiblich, klar weiblich. Jehowa mit
Herr zu übersetzen, ist also in gewissem Sinn
falsch. Es heißt »Er ist«, oder genauer und aus-
führlicher: »Er war, Er ist, Er wird sein«. Sein
Sein ist also unabhängig von der Zeit, in der man
Ihn sich vorstellen könnte; Er ist immer da, in
Vergangenheit, Gegenwart und Zukunft. Aber
sobald wir es aussprechen, ist das Wort weiblich,
denn – das ist wichtig – Gott *erscheint* auch. Er
ist nicht nur der Herr, der verborgen ist, männlich, Gott, der als Verborgenheit in uns lebt.

Der Herr – schon in seinem Wort erscheint er;
das Sein erscheint. »Ich bin, der ich bin«, sagt Er
von sich – das Sein behauptet sich. »Ich bin«
kommt vom Sein, von dorther stammt es.

Dieses Wort »der Herr«, an das wir uns gewöhnt haben, steht dort in der Bibel gar nicht. »Der Herr« geht auf den Brauch in der alten Judenheit zurück, den Namen des Seins nicht auszusprechen. Kann man das Sein festlegen? Und ist Aussprechen nicht wie ein Festlegen? Das Heutige könnte man schon artikulieren, da ist man dabei. Aber das Vergangene oder das Künftige aussprechen zu wollen, wäre Lüge. Deshalb hat man den Seins-Namen umgangen, und an diesen Stellen »der Herr« gesagt. Denn, tatsächlich, das Sein *herrscht,* beherrscht unser Leben. Auch *wir* sind, wie wir sind, waren, wie wir waren, werden sein, wie wir sein werden. In diesem Sinn steht das Wort Herr für das Herrschen des Seins und nicht für eine Person männlichen Geschlechtes. Immer dort, wo in Übersetzungen »der Herr« steht, können wir für uns im stillen erleben: das Sein herrscht.

Dieser Gedanke, diese Tatsache der Sprache, drückt sich in vielen biblischen Namen aus. Zum Beispiel der Name Johannes. Im Evangelium nach Lukas lesen wir, daß der Engel Gabriel der Elisabeth einen Sohn ankündigt, der Johannes heißen wird; im Hebräischen lautet dieser Name Jehochannan. Der Teil »Jeho« ist von Jehowa, dem Namen des Herrn, und »channan« ist von »chen«, Gnade. Der Name übersetzt sich also mit »der Herr ist Gnade« oder »es herrscht die Gnade«. Es war immer Gnade, es wird immer Gnade sein, es ist Gnade – das ist die Herrschaft der Gnade. Gefragt wird also nicht danach, wer im Recht ist, sondern Gnade bedeutet eben »gratis«: umsonst. Und gratis kommt von »gratia«, Gnade. Gnade wird dir nicht zuteil, *weil* du dich so oder so verhalten hast, sondern Gnade geschieht dir, wie immer du auch warst. Begnadigt wird ein Mensch, der nach Recht und Gesetz hingerichtet werden müßte. Das Recht, das Gesetz wird also gestrichen, und Gnade tritt ein.

Wir haben jetzt gesehen, daß das hebräische Wort, welches immer mit Herr wiedergegeben wird, ein weibliches Wort ist und eigentlich das Herrschen meint. Es mag sein, daß männliche Herrschsucht daraus den Herrn als Mann gemacht hat; das Wort selbst aber sagt das nicht, sondern gibt sich klar als weiblich zu erkennen. Wenn dann im Judentum für dieses Wort die Umschreibung »der Herr« gewählt wird, so will damit das Herrschen der Totalität des Seins in allen Welten, allen Zeiten, allen Wirklichkeiten ausgedrückt werden. Was herrscht, ist das Sein, das Fundament des Lebens, die Quelle, von der aus das ganze Leben gegeben wird. Quelle des Lebens ist das Sein.

Der Vater schöpft aus dem Sohn

Und hier muß ich gleich an das Wort für Schöpfung denken. Der Schöpfer ist einer, der aus einer Quelle schöpft. Aus welcher Quelle? Aus der Quelle des Seins. Gott der Herr also ist die Quelle. Gott der Schöpfer, der Vater, schöpft aus der Quelle vom Herrn, vom Sohn. Wie kann das sein? Ist der Sohn nicht nachher, der Vater vorher? Aber in der *Einheit* gilt nicht Vorher oder Nachher. Nur wir, die fortwährend analysieren wollen, zerstückeln die Einheit, zertrümmern sie. Im Sein gilt nicht »früher« oder »später«. Das Sein ist nicht zerlegbar in »es war«, »es ist«, »es wird sein«, sondern das Sein ist eben die Einheit von allem.

Die Schöpfung also, das Schöpfen ist aus einem Brunnen, der die Quelle faßt. Tatsächlich ist im Hebräischen Schöpfung und Brunnen das gleiche Wort. Schöpfen aus dem Brunnen, und dann schenken, in eine Rinne, einschenken, in einen Becher. Schöpfen und Schöpfung hat also mit schenken und Geschenk zu tun. Geschenkt wird dann die Welt in der Zeit. Gott schenkt die Zeit, indem er, woraus er schöpft, den Herrn, in die Zeit hineingibt. Der Sohn ist dann in der Zeit da. Und »Sohn« bedeutet wiederum nicht nur die männliche Person, wie »Tochter« auch nicht nur die weibliche bedeutet, sondern im Hebräischen kommt »Sohn« vom Wort »bauen«. Gott baut die Welt, indem er schenkt, seinen Sohn schenkt. Vom Hauptwort »ben«, Sohn, kommt das Zeit-Wort »boneh«, bauen.

Gott schenkt die Zeit, und in der Zeit erscheint dann tatsächlich Gott in der Form vom Sein. Die Zeit, die wir nur geteilt denken können, unterschieden in das War, das Ist, das Wird-sein, ist eine Einheit im Sein. Das eben ist das Geschenk. Dafür kann man auch sagen: Der Vater schenkt seinen Sohn der Welt. So heißt es doch auch im Christlichen; so geht es aber auch ohne Frage aus der Sprache selbst hervor: das Wort sagt es. Und das Wort ist, wie jeder Mensch schon bei sich weiß und wie es im Johannesevangelium auch steht, im Anfang, bei Gott, und Gott ist das Wort.

Im Hebräischen also bedeutet Sohn das Bauen und Tochter »das Haus«. Die Tochter bildet das

Haus, worin der Mann, der Sohn wohnt. Das Weibliche ist das Haus, in dem das Männliche, das Verborgene, das Geheimnis wohnt. Geheimgemächer im Haus, im Palast, wie wir sie auch aus den Märchen kennen. Gewiß bezeichnen Sohn und Tochter geschlechtlich unterschiedene Personen – bei der Geburt einer Tochter schenkt man doch, glaube ich, hellrosa Sachen, bei der Geburt eines Sohnes hellblaue –, in der Sprache aber sagt das Wort Sohn »bauen«, das Wort Tochter »Haus«.

Wir könnten also leicht schwerwiegende Fragen und Spaltungen überbrücken, wenn wir das Wort sprechen ließen. Dann hat nicht der oder jener recht, sondern das Wort. Und das Wort ist Gott. Das Wort ist vor allen Meinungen da, im Anfang schon, bei der Schöpfung. Es ist die Quelle, das Sein, »howe«, aus dem Gott die Welt schöpft, der Sohn, der dann »der Herr« genannt wird.

Für diese Welt, biologisch, ist es unmöglich, daß der Sohn vor dem Vater da ist. Aber der Heilige Geist ist nicht an die Gesetze der Biologie gebunden. Wir könnten uns fragen, was »Geist« und »heilig« bedeutet. Jedenfalls hat das etwas mit der Verborgenheit zu tun. Und wenn wir vom

27

Wort, von der Sprache ausgehen, führt uns die männliche Mehrzahlform von »elohim« zu jedes Menschen eigener Verborgenheit, während im Namen Gottes als Herr das Sein erscheint, das heutige Dasein zusammen mit dem Gewesenen und dem Künftigen. Denn das Sein kann nicht vergehen, im Sein gibt es kein Verwesen. Verwesen kann nur das Erscheinende, nicht aber das Sein.

Deshalb keine Frage, ob der Mensch nach dem Tod auch lebt. Du *bist* doch, bist im Sein! Du bist Kind von Gott her, der Herr ist mit dir.

Ich denke jetzt auch an den Namen Jesus, hebräisch Jehoschua oder Joschua, um das »jeho«, das unausdrückbare Sein, zu umgehen. Der Name will sagen: »der Herr hilft« oder »der Herr rettet«; und das heißt, es herrscht das Helfen, es herrscht das Retten als Fundament im Namen Jesus. Du brauchst keine Angst zu haben, ob dir wohl geholfen werden wird, ob dir Rettung kommt. Hilfe und Rettung herrschen doch, das Sein besteht daraus, wie der Name des Sohnes bezeugt! Gott baut die Welt mit diesem Namen, so teilt es der Engel Gabriel Maria mit. Kein bloßer Name also, wie es viele Namen gibt, sondern ein großer Gedanke, ein Erlebnis, ein Gefühl, daß doch Hilfe herrscht, wie verzweifelt du auch manchmal bist. Wenn du diesen Namen anrufst, stellt sich die Rettung ein, du brauchst keine Angst zu haben.

Durchbruch der Gnade

Ich möchte jetzt eine alte Geschichte erzählen, die so manches von dem enthält, was wir über Männlichkeit und Weiblichkeit vom Wort her kennen, besonders aber auf unser Thema von der Weiblichkeit Gottes eingeht. Sie erzählt unter anderem auch von der Urmutter Anna, über die es in der Bibel keine direkte Mitteilung gibt. Nach der Legende ist Anna die Mutter von Maria.

Wenn Gott der Gedanke der Schöpfung aus Liebe um der Liebe willen kommt, dann läßt sich das, heißt es, nur in Geschichten menschlicher Ausdrucksform darstellen. Wie sollte man sonst sagen können, was und wie Gott denkt? Man kann also nur versuchen, in Entsprechung zu menschlichem Erlebnis von Gottes Schöpfungsdrang zu erzählen. Es drängt Gott, die Welt und in der Welt die Freude der Liebe zu erschaffen, die Freude der Überraschung; etwas zu schaffen, von dem man fühlt, daß man, wenn es wahr ist, vor

Glück geradezu explodieren müßte, da es unmöglich zu fassen ist.

Nun, Gott möchte der Welt diese Freude schenken, dieses unermeßliche Glück der Liebe, immer neu. Da sagen seine Engel, seine Ratgeber im Himmel: Davon raten wir dir sehr ab, denn der Mensch, den du erschaffen willst, wird stark von der Erde angezogen werden. Die naturgesetzmäßige Schwerkraft, die Anziehungskraft der Welt wird dann herrschen, und der Mensch wird fallen, nichts mehr von Liebe und Glück wird sein, sondern alles wird kaputtgehen. Denke doch an die Gesetzlichkeit, die du der Welt eingeschaffen hast, vor allem an die Naturgesetze! – Gott, heißt es, hört diese Einwände seiner Engel wie ein Echo auf seinen Willen zur Schöpfung, bis auf einmal eine andere Stimme ertönt. Und diese Stimme sagt: Wenn der Mensch auch fällt –, Liebe gerade ist imstande, das Gesetz, die Schwerkraft, zu überwinden; wenn alles in Trümmer fällt, ist Liebe doch stärker. Ich rate dir, laß es geschehen, Liebe hat die Kraft, es zu tragen und zu ertragen, Liebe überwindet das Gesetz!

Da sagt Gott: Du bist meine weibliche Seite, ich nenne dich jetzt Channa (im Hebräischen das weibliche Wort für Gnade), Anna. Denn du hast ausgesprochen, was keiner meiner Berater, die nur ein Echo meiner Gesetzmäßigkeit waren, sagen konnte. Du hast das Neue ausgesprochen, du bist die Mutterseite, die mir die Gnade eingibt.

So kommt der Name der Frau, der Mutter Anna zustande. Aus hebräisch Channa wurde im Lateinischen Anna, der Name, der vom Gefühl »Gnade« erzählt.

Gott der Vater erkennt jetzt seine weibliche Seite, die Gnade, und weiß, daß sie in die Welt, die er zu schaffen vorhat, hinabsteigen muß. Es ist die Welt, die er aus dem Sein, aus dem Sohn schöpft und baut. Und so gibt er ihr eine Eigenschaft der Gnade: den Mutterschoß. Im Hebräischen ist Mutterschoß, Gebärmutter, »rechem«, das gleiche Wort wie Barmherzigkeit, »rachem«. Damit kann sie der Welt etwas bringen, das alles Unrecht zu tragen, alle Katastrophen zu überdauern vermag, denn das Gesetz der Anziehungskraft der Welt ist sehr stark. Dadurch entfernen sich die Menschen von Gott, hören auf allerlei Stimmen der Welt, haben viele Götzen.

Maria, die Tochter von Anna, wird alles tragen, denn hebräisch »marjam«, »mirjam« bedeutet »das Bittere der Zeit tragen«. Maria nimmt das Bittere auf sich, das die Zeit, der Liebe entgegengesetzt, hervorbringen wird. Maria trägt es, und so wird Jesus geboren, von dem man weiß: Bitter wird es sein. Aber sie ist bereit, das Bittere zu tragen, deshalb auch das Bild der Mater Dolorosa, der Schmerzensmutter. Sie weiß, die Welt hat das angerichtet, aber Gnade und Barmherzigkeit herrschen dennoch. Wenn auch alles schiefgeht, wenn die Menschen auch zu allem, was Gott schenkt, nein sagen, es zu Nichts machen, vernichten wollen – wie die Engel es vorhersagten –, dann wird die Tochter der Anna, Maria, das Bittere, die Zeit, tragen, denn die Gnade kam in die Welt. Trotz allem, was kommen kann, was kommen wird: die Gnade, die Liebe siegt. Liebe trägt alles, ist Fundament von allem.

So kommt es zum Namen der Weiblichkeit, »channa«, der auch schon enthält, was weiter geschehen wird. Eigenschaften der Liebe sind Gnade und Barmherzigkeit. In der Gnade zeigt sich, was im Ursprung, im Himmel schon bereitsteht für alles und für alle. Und Barmherzigkeit ist die Bereitschaft Gottes, sich sogar in diese

Welt hineingebären zu lassen, was immer dann auch geschehen mag.

Heute hat man in der Gesellschaft viele Beweggründe, *nicht* geboren werden zu lassen. Solche Argumente, soziale und bevölkerungspolitische, können ihre Berechtigung haben, aber es geht doch um das Leben in Ewigkeit und nicht nur um ein gesellschaftlich zufriedenstellendes Leben. Die Gnade ist es, die Liebe gebietet, die ein Gebären trotz allem fordert. Geht es nicht um die Liebe, hoffst du nicht auf Erlösung, daß der Tod überwunden, Auferstehung sein wird? Viele oder wenige Menschen auf der Welt – sterben werden sie so oder so, aber ihr Tod ist eben nicht das Ende, Auferstehung wird sein.

Aus dem Mutterschoß, aus Barmherzigkeit, aus der Gebärmutter – und das hat mit der Gnade zu tun – können die Geburten kommen. Geburt bedeutet ein Erscheinen in der Welt – was auch sei in der Welt. Daher sind, heißt es, Gnade und Barmherzigkeit die Eigenschaften Gottes in seiner Weiblichkeit. Gnade, das Wort für Gott als Mutter, ein Gegen-Wort zum Echo jener Engel, die einmal auch fallen werden, die nicht gönnen, die dem Menschen die Liebe neiden. Jene, die verhindern wollen, sind um Argumente, warum es nicht sein darf, nicht sein soll, nie verlegen. Da aber meldet sich plötzlich zum ersten Mal das Wort, das den Namen gibt, wodurch die Mutter jetzt eine Realität ist. Sie wird gebären, und dadurch wird die Welt, das Sein bestehen können. Bisher hat Gott gezögert, aus dem Sein zu schöpfen; nun aber antwortet ihm die Gnade, die Liebe, die herrschen und siegen wird.

Gott hat sich gleichsam seiner Weiblichkeit versichert, und jetzt kann Geburt, Barmherzigkeit geschehen. Und dabei geht es nicht um Biologisches, sondern um die Geburt eines großen Wagnisses. Gegen die gescheiten Bedenken der gefallenen Engel spricht Gott das Schöpfungswort, das die Herrschaft der Welten des Gesetzes aufhebt und eine Welt der Liebe begründet. Gerade die Weiblichkeit Gottes hat das Wort der Liebe zugesprochen, die damit das Gespräch von Gesetzmäßigkeit, Schwerkraft, Anziehungskraft, Sünde und Sündenfall ablöst. Gnade herrscht jetzt, Erlösung, davon ist das Wort erfüllt.

Auf diese Weise entsteht der Gedanke der Weiblichkeit und kommt in die Welt. So erzählt es uns eine uralte mythische Geschichte, und deshalb kennt man auch im Christentum diese

Dreiheit von Anna, Maria und Jesus, diese Dreiheit als Einheit*.

Der Name der Mutter, Anna, ist im Sein
selbst enthalten, und wir haben gesehen, wie er
hervortrat und sich meldete. Das aber ist nun
kein Geschehen in einer fernen Vergangenheit,
sondern geschieht permanent, denn Sein ist genauso Zukunft, die wir nicht kennen, von der wir
hoffen, daß sie sein wird. Im Namen Anna erhalten wir die wesentliche Mitteilung, daß das Fundament die Gnade ist. Von dort her ist auch die
Vergebung der Sünden, die Barmherzigkeit. Um
der Sünde willen ist die Barmherzigkeit da, wie
man das auch bei Paulus nachlesen kann.

Die Mutter als Maß der Welt

Das Wort Mutter – was kann es uns über das
biologisch Mütterliche der Lebewesen hinaus sagen?

Im Hebräischen heißt Mutter »imma«, gleich
geschrieben wie »amma«, Elle. Die Elle ist das
Maß in der Bibel. Gott mißt sein Haus mit Ellen.

---

* In der bildenden Kunst ist es der Typus »Anna selbdritt«, der
die Einheit der Drei: Anna, Maria und Jesusknabe, zur Darstellung
bringt.

Die Mutter ist also das Maß der Welt. Im Wort selbst drückt sich das aus. Die Welt könnte gar nicht erscheinen, gemessen werden, wenn nicht die Mutter wäre, die himmlische Mutter. Alles, sogar Gottes Wohnung, wird mit dem Maß der Mutter gemessen. In der Sprache, im Wort spielt das Weibliche also eine entscheidende Rolle*. Immer wieder stellt sich der Bibelwissenschaft die Frage, wie dieses Ellenmaß quantifiziert werden kann, um wieviele Zentimeter es sich also genau handelt.

Nun, die Bibel spricht eben gar nicht von einer quantitativen Elle, sondern von einer qualitativen – und das ist die Mutter! Das Wort ist eben nicht einseitig, hat nicht nur die Seite des Erscheinenden, sondern es hat auch sein Geheimnis, seine Verborgenheit, sein Inneres. Und das Innere vom Wort Elle sagt dir »Mutter«, und wenn du »Mutter« sagst, sagst du »Elle«. In deinem Verborgenen erlebst du die Mutter, wenn dir die Elle, das Maß der Welt, erscheint.

---

* Die lautliche Verwandtschaft von »Mutter« und »Meter« (Maßeinheit) ist kein Zufall. Als letztlich gemeinsame Wurzel findet man in etymologischen Wörterbüchern die Begriffe »Maß« und »messen« angegeben (im Zusammenhang mit griechisch »mätär«, Mutter, und griechisch »metron«).

Wer viele und gute Gründe dafür anführt, nicht so viele Kinder in die Welt zu setzen, bewegt sich eigentlich im selben Argumente-Kreislauf, der auch die Diskussion um die Unterdrückung der Frau und die Herrschaft des Mannes bestimmt. Es ist diese Welt der Argumente, der Gründe und Gegengründe, die gleich die Frage: »Wer beherrscht wen?« in den Mittelpunkt bringt. Ich habe schon von der Umschreibung des Namens Gottes, der das Sein ausdrückt, mit »der Herr« gesprochen. Und wir haben auch gesehen, daß es eigentlich das Herrschen ist, das der Name Herr meint, und das Herrschen ist nicht an den Mann gebunden. Das hebräische Wort für Herr, »adonai«, kommt von »adon«, ein Wort, das auch »Fundament« bedeutet, »Schwelle«, die alles trägt. Mit »adonai« ist also nicht nur das Herrschen, sondern auch das Tragen, das Ertragenkönnen der ganzen Welt ausgesprochen. Indem er herrscht, trägt er die Welt. Auf dem Herrn ruht die Welt. Gleichzeitig, um jedes patriarchalische Mißverständnis auszuschließen, könnte man sagen, die Frau trägt das Kind, trägt die Welt, erträgt das Bittere, trägt die Gnade, die Barmherzigkeit.

Sie sehen, daß die Begriffe des Männlichen und Weiblichen von ganz anderen Wirklichkei-

ten und Gefühlen erzählen können, als vorder-
gründige Aggressionen zu wecken, indem man
Männer gegen Frauen oder umgekehrt ausspielt.

Die Frau am Brunnen

Wenn wir von der Weiblichkeit im Himmel
sprechen, der himmlischen Mutter, dann ist es
für uns wesentlich, das, was im Himmel ist, auch
auf Erden zu erfahren, zu sehen, wie sich das hier
abwickelt. Denn die Schöpfung ist eine Schöpfung aus dem Sein. Gott schöpft aus dem Sein,
also aus seiner Weiblichkeit, denn sein Sein ist
der Sprache nach auch seine Weiblichkeit. Und
er schenkt dann das Geschöpfte, wie man einen
Eimer aus einem Brunnen heraufholt, in eine
Rinne, ein Gefäß, einen Becher ein. Ein Geschenk also. Und die Zeit, die rinnt – ich sprach
von einer Rinne –, die fließt und weiterfließt,
enthält das Muster aus der Quelle. Die Zeit hat
ihre Zusammensetzung aus der Quelle, ist aber
nicht die Quelle. Der Schöpfer schenkt aus seinem Sein, aus seiner Weiblichkeit schenkt er die
Zeit.

Sinn des Weiblichen ist es auch, Zeit zu
schenken. Die Frau am Brunnen – ein Bild, das

man in allen Kulturen wiederfindet. Ich denke jetzt hier vor allem an die Bibel: Rebekka am Brunnen, Rahel am Brunnen, Zippora, des Mose künftige Frau, am Brunnen. Die Weiblichkeit schöpft aus dem Sein und schenkt Zeit.

Wozu eigentlich die Zeit? Könnte nicht alles bleiben, wie es war? Wozu das ganze Spiel, das so kompliziert ist und so viel verlangt und erwartet?

Nun, schon beim Erscheinen der weiblichen Seite zeigt sich, daß etwas Neues entstehen könnte, denn das Alte ist wie das Gesetzte, das sich gesetzt, zur Ruhe gesetzt hat, Gesetz geworden ist; und dieses Alte könnte ein Gefühl der Verzweiflung aufkommen lassen. Um das Leben, die Materie zu erhalten, braucht es ständig dieses Neue. Notwendig ist das neue Weibliche durch seine Mitteilung: Keine Angst, es herrscht Gnade!, aber auch dadurch, daß jetzt eine Beziehungsmöglichkeit im Gegenüber besteht: Du kannst von gegenüber zu mir kommen. Es ist dieses Grundlegende, das wir in der Beziehung von Mensch zu Mensch erleben. Man erwartet vom anderen eigentlich alles, glaubt im stillen, daß er auch mein Glück kennt. Wer selber sehr glücklich ist, sich einmalig empfindet, erwartet auch beim anderen dieses einmalige Neue. Nach

Gesetz, aus den Worten des anderen, aus seinem Aussehen wird er es nicht finden können. Seine Erwartung ist ein Glauben, ein Durchbrechen des Gesetzes, ja, eine Hingabe und ein gleichzeitiges Hinnehmen des anderen, ohne zu fragen. Wer fragt und analysiert, wird am Ende meinen, den anderen nach Gesetz zu kennen. Er verfehlt ihn aber, denn es fehlt das Neue, das er hätte hineinbringen können, das Neue, das wir auch Liebe nennen.

Im Hebräischen kommt das Wort für Liebe von »Gib!« oder »Nimm!« Imperative also, ein Sich-hingeben ohne zu überlegen und ein ebensolches Hinnehmen.

Wirst du imstande sein, mich anders zu sehen und zu empfinden, als ich mich dir zeigen kann? Wirst du gerade das von mir erkennen, was du *nicht* sehen kannst? Dann schenkst du mir Gnade, und ich nehme dich auf und gebe mich dir hin. Dies ist die Beziehung: Einer ist, der gibt, und einer ist, der nimmt, und das geschieht gleichzeitig. Der Gebende ist der Nehmende, und der Nehmende ist der Gebende.

Die Liebe zum Wort

Liebe ist heute ein Wort, das in der Inflation der Worte alles und nichts bedeutet. Im Hebräischen drückt dieses Wort ein fragloses Hinnehmen, Empfangen des anderen aus, und ein fragloses Sich-hingeben im selben Moment. Von beiden Seiten her geschieht dasselbe. Liebe ist etwas, das keine Zeit, keine Dauer braucht, um zu wirken, Liebe ist da oder nicht da. Liebe von Mensch zu Mensch, vom Menschen zu Lebewesen und Dingen, aber Liebe auch zum Beispiel zum Wort.

Hebräisch »tewa«, Wort, ist weiblich; das heißt, das Wort möchte uns gern empfangen, es möchte, daß wir in sein Inneres eindringen.

Ich möchte mehr vom Wort verstehen als nur das Äußere. Das Äußere kann kühl, vernünftig, gesetzmäßig klar sein, aber es fehlt der Funke der Liebe. Wird aber das Wort geliebt, dann kann es sich öffnen. Wie eine Braut sich öffnet für den Bräutigam. Dann erzählt das Wort seine Geheimnisse. Es erzählt zum Beispiel, daß »erzählen« mit »Zahl« zusammenhängt. Weil die Zahl, das Wort im Anfang ist, können wir erzählen. Oder daß im Gebirge Verborgenes sich birgt, daß Berge ein Geheimnis verbergen; deshalb spricht man von »heiligen Bergen«: Olymp, Fudschijama, Sinai, Karmel, Horeb.

Im Hebräischen sind die Worte für Berg und für Schwangerschaft vom gleichen Stamm. Der Berg geht schwanger mit dem Wort, das etwas erzählen will. Am Berg Sinai ist die Offenbarung des Wortes, und in der Bergpredigt erhalten wir auch eine solche Offenbarung.

Ein Berg, eine Verbergung – von außen ist ein Wort wie eine Frau, die ich nicht kenne, die mir fremd ist. Gern aber möchte ich die Frau der Welt, die Frau des Himmels fragen: Wer bist du? Wer bist du, Wort? Du selbst sprichst dich weiblich aus. Auch das Wort für Zeichen, für Buchstabe ist ein weibliches Wort.

Zeichen: das Sich-zeigen kann eben nur sein, weil die Mutter da ist, die Mutter, die es ins Erscheinende bringen will trotz allem, was dagegen spricht. Wer den baldigen Weltuntergang voraussagt, durch Atomkraft oder ökologische Katastrophen, ist sehr »männlich«, könnte man sagen, hat ganz die Frau, das Weibliche, vergessen, die von Gnade, von Barmherzigkeit weiß.

Bei all dieser Untergangsangst heute frage ich immer: Leben wir hier etwa ewig? Sind nicht alle

Generationen bis heute auf die eine oder andere Art gestorben? Also, bei einem gewissen Punkt endet es doch hier. Deshalb bitte nicht dieses »männliche« Nein zur Welt! Das Weibliche sagt: Doch! Ich zeige dir Frucht, gebe dir das Wort, um aus ihm zu gebären, Neues hervorzubringen. Wieviele Geheimnisse gibt es nicht schon in der deutschen Sprache! Und so enthält jede Sprache Geheimnisse, das Heim, das Zuhause, Heimat. Dort, wo man wohnt, ist Heimat, dort ist die Mutter das Wort, das Wort bei Gott. Warum ist das Wort bei Gott und Gott das Wort? Weil gerade hier eine Einheit von männlich und weiblich erwartet wird.

Nehmen wir zum Beispiel das Wort Hand. Die Hand ist für unser Leben sehr wichtig. Wir greifen mit der Hand, wie wir auch be-greifen, Begriffe haben. Was hat der Begriff mit der Hand zu tun? Nun, die Hand zeigt ein merkwürdiges Muster: der Daumen, der eine, und die Finger, die vier. Exakt dasselbe Verhältnis 1:4 haben der biblische Baum des Lebens und der Baum der Erkenntnis des Guten und Bösen zueinander. Wenn wir also handeln, etwas behandeln oder verhandeln ist immer die Eins und die Vier dabei einbezogen. Wir greifen im allgemeinen mit

Daumen *und* Fingern, mit der Eins und der Vier, wie wir auch mit der Eins *und* der Vier erst richtig begreifen. Der Daumen, das Fünfte, die Quint-essenz; wie der Baum des Lebens die Quintessenz ist, sich im exakten Verhältnis von 1:4 zum Baum der Erkenntnis befindet. Wen dieses Verhältnis weiter interessiert, der findet in meinen Büchern, vor allem in der »Legende von den beiden Bäumen« und natürlich im »Bauplan«, viele überraschende Ausarbeitungen dazu.

Wie ist es möglich, daß dies schon im Wort so enthalten ist? Ja, woher stammt das Wort? Von Gott. Und wohin geht jener »Dunst« oder »Dampf«, im Hebräischen »ed«, geschrieben 1–4, der in der Schöpfungsgeschichte vom Erdboden aufsteigt? Dann auch der Fluß, der *eine* Fluß, der aus dem Paradies strömt und sich dann teilt, in vier Flüsse teilt – wieder 1–4!

Ja, wir können be-greifen. Wir *sind* die Hand, wir sehen sie nur getrennt von uns, als Gliedmaß, aber wir sind eins mit ihr.

Wenn ich sage: Ich verstehe!, dann stand ich erst hier und stehe jetzt, da ich verstehe, woanders. Meinen früheren Standpunkt, an dem ich verstanden habe, den habe ich verlassen und einen neuen Standpunkt gefunden.

44

Oder das Wort Stimme. Meine Stimmung ist gut – dabei ist aber keine Stimme zu hören. Ich bin so oder so gestimmt, oder ich bin verstimmt; etwas ist bestimmt so oder bleibt ganz unbestimmt.

Ich könnte solche Beispiele aus jeder mir bekannten Sprache anführen, auch aus dem Sanskrit, das ich nur ein wenig von meinem Indienaufenthalt her kenne. Das Wort hat in allen Sprachen sein Geheimnis.

Deshalb können wir aus der Sprache selbst viel mehr über Mann und Frau, Männlichkeit und Weiblichkeit, Patriarchat und Matriarchat erfahren als durch wissenschaftliche historische Untersuchungen, bei denen nur äußere Tatbestände innerhalb eines verhältnismäßig kurzen Zeitraums konstatiert werden können. Soweit wir die Weltgeschichte kennen, ist die Macht in männlichen Händen. Da ist es für uns nun eine Frage, wie das mit dem von mir hier Erzählten übereinstimmen kann.

Das Gespräch mit der Schlange

Ich sagte schon, das Weibliche ist die Umhüllung. Es ist die Zeit, die uns umhüllt, die uns sozusagen besänftigt. Ja, du siehst dich, nackt, aber die Gnade wird dir geschenkt, dich zu umhüllen, dich zu bekleiden. Wie der Mensch im Paradies, als er die Frucht vom Baum der Erkenntnis genommen hat, sich auf einmal nackt sieht. Er war es zuvor schon, aber auf einmal öffnen sich, wie erzählt wird, die Augen des Menschen, des Mannes und der Frau, und sie sehen, daß sie nackt sind. Sobald man die Frucht vom Baum der Erkenntnis zu sich nimmt, sieht man nicht nur bei sich und den anderen von außen das Nackte, sondern auch überhaupt überall. Dieses Sich-öffnen der Augen ist unsere Art des Sehens, der Wahrnehmung.

Der Baum der Erkenntnis ist die Vier im Verhältnis zur Eins vom Baum des Lebens. Und die Vier, heißt es, ist das Erscheinende, die Eins das Wesentliche.

Vielleicht ahnen wir jetzt, daß es beim sogenannten Sündenfall nicht nur um irgendein einmaliges historisches Ereignis geht. Wie können wir annehmen, daß Gott die Menschheit kollektiv für den Fehltritt Adams büßen ließe? Wenn schon wir so etwas verrückt finden und nicht täten, wie können wir es dann Gott wohl zuschreiben? Alles Gute, das wir denken, sollten wir doch zumindest auch Gott zutrauen, und alles Böse jedenfalls doch von Gott fernhalten. Wenn *wir* uns schon um das Gute sorgen, hat dann Gott nicht schon längst dafür gesorgt?

Die Vierheit, auch die Vierheit der vier Flüsse, in die sich der eine Paradiesstrom geteilt hat, ist die Zeit. Die Vierheit umhüllt das Eine. Der Baum des Lebens ist vom Baum der Erkenntnis gleichsam verdeckt; von außen sehen wir zuerst den Baum der Erkenntnis. Immer begegnet der Mensch im Leben, wenn er atmet, wenn er denkt, zuerst dem Baum der Erkenntnis. Sagen wir nicht: Ich sehe doch, klar, mit offenen Augen! – obwohl wir vielleicht nur das Äußere sehen? Aber wir urteilen dann nach diesem Äußeren.

Nun müssen wir uns auch die Frage stellen, warum gerade die Frau – so wird sie an dieser Stelle genannt, Eva heißt sie dann später – der Schlange zuhört. Und handelt die Frau dann, weil die Schlange sie überzeugt hat? Der Baum ist doch schön zu sehen und angenehm, sagt die Schlange. Es heißt, alles, was wir sehen, ist schön und angenehm, weil es den Baum des Lebens in sich hat. Wenn wir nur das Äußere als schön und angenehm empfinden, dann verkennen wir das Innere. Das Innere ist, wie ich schon sagte, das

Männliche. Ob Mann oder Frau, sein oder ihr Inneres ist das Männliche, und sein oder ihr Äußeres ist das Weibliche. Das ist ein Prinzip in der Sprache: »sachar«, männlich, also »innen« und »erinnern«, und »nekewa«, weiblich, also »Hülle« und »hohl«.

Die Schlange spricht mit der Frau, denn Schlange bedeutet Aufmerksamsein auf Zeit, auf Sichtbarkeit. Die Zeit weist auf das Schöne hin. Schön aber ist es, weil innen das große Geheimnis ist; nur deshalb ist es außen schön.

Und die Frau wird von der Schlange überzeugt. Schlange: das Langgedehnte, auch die langgedehnte Kausalitätskette, Ursache–Wirkung–Ursache–Wirkung..., viele Glieder, wie die Segmente der Schlange. Am Kopf aber der Giftzahn. Die Schlange kann beißen und den Tod bringen: die Kausalität. Die Schlange überzeugt die Frau zur Kausalität. Das ist das Denken und Rechnen mit dem Äußeren. Kausales Denken ist zeitliches Denken, es braucht Zeit.

Und die Frau gibt, wie es in der Bibel heißt, dann dem Mann zu essen, der die Frucht ohne weiteres, ohne Gespräch, ohne Überlegung auch in sich aufnimmt.

Deshalb ist die Frau die »Verführerin« des

Mannes. Sie ist überzeugt von der Schlange, von der Kausalität, sie fühlt sich selbständig. Dieses Selbständigsein der Frau wird im biblischen Bild von der »untreuen Frau« dargestellt. Vom untreuen Mann ist nicht die Rede, immer nur von der untreuen Frau.

Die untreue Frau

Nun, Frau bedeutet doch das Äußere, Mann das Innere. Wann ist eine Frau untreu? Wenn sie sich, wenn sich das Äußere selbständig macht, wenn sie Götzen nachläuft, wenn sich das Äußere als entscheidend sieht.

In unseren Wissenschaften wird nur das Äußere studiert, man kann und darf wissenschaftlich nicht weitergehen. Auch Psychologie, die ihrem Namen nach Seelenkunde betreibt, beschäftigt sich nur mit dem Äußeren der Innenwelt des Menschen, eben mit dem, was man wahrnehmen kann. Das Innere bleibt ihr unbekannt. Wissenschaften müssen also, schon von ihren Voraussetzungen und Zielen her, im Äußeren befangen bleiben.

Wenn es bei Paulus heißt, die Frau solle nicht reden, so bedeutet es: das Äußere soll nicht den

Ton angeben, die äußere Wahrnehmung soll »schweigen«. Keine Spur davon, daß Paulus Frauen als weiblichen Personen das Wort verbieten will. Das Äußere soll wissen, daß es nur erfüllt ist, wenn das Innere in ihm ist. Und das Innere ist das Männliche, das Ewige. Entsprechend sagt man, daß das Frausein erfüllt ist, wenn der Mann in ihr ist.

Wenn also das Ewige das Äußere, diese Erscheinung erfüllt, dann ist die Erscheinung erst echt da. Das Äußere allein ist nichts. Vielleicht entstand deshalb der Brauch – zu Recht oder zu Unrecht – zuzusehen, daß eine Frau unter die Haube kommt, wie man sagt. Im Muster des Ewigen könnte sich eine Frau, die keine Frucht hat, sonst als unerfüllt empfinden.

Natürlich ist es die Freiheit des Menschen, ist es eine Frage seines Schicksals, ob er heiratet oder nicht. Die Erfüllung für eine Frau kann ganz anderswo liegen als nur im Mann, und entsprechend kann dies beim Mann der Fall sein. Jeder muß das selber herausfinden. Was wäre das für eine Freiheit, wenn man in ihr etwas vorschreiben würde?

Die Mitteilungen, eine Frau dürfe dies und jenes nicht tun, bedeuten nicht, daß die Frau irgendwie minderwertig ist, sondern daß das Weibliche sich nicht darstellen darf, als ob es *alles* wäre. Das Weibliche, also das Zeitliche, die Hülle, Zeit und Raum, das kann man wahrnehmen. Das Innere, der Kern ist kaum sichtbar, als wäre er null, wäre er nichts. Aber wir wissen: eine ungeheure Energie ist im Innern da, Kern-Kraft.

Die »untreue Frau« sagt sich los vom Gedanken, daß es einen Mann gibt, oder wenn schon, dann weit weg, irgendwo. *Sie* herrscht dann. Es geht hierbei nicht um die Stellung der Frau im Sinne des Matriarchats, sondern ich meine die Frau im Bild z. B. der Wissenschaft, der Politik, wo man nur das Äußere berücksichtigt. Ausschlaggebend für wissenschaftliche Erfolge und bei politischen Konferenzen ist das kausal Gescheitere. Wer weiß mehr, wer kann mehr, wer ist stärker hier in der Welt? Die wahre Stärke, also das Innere, der Kern, ist hier durch ein Stärker-scin im Kausalen, im Äußerlichen ersetzt. Die »untreue Frau« ist also keinem »Mann« verbunden, deshalb hat sie keine Lebensmöglichkeit im Menschen, soll »getötet« werden.

Keine Frau, behüte, wie untreu auch immer, darf angerührt, geschlagen oder sonstwie gequält, geschweige denn getötet werden! Das »Töten« dort meint: das Äußere existiert gar nicht, wenn es nicht mit dem Inneren, Männlichen verbunden ist.

Das gilt auch für die Sprache, das Wort. Das nur äußere Wort, wie es wissenschaftlich philologisch oder theologisch wahrgenommen wird, sagt nichts. Wir wissen zur Genüge, wie falsch und irreführend Übersetzungen oft sind. Selbst beim Übersetzen von einander so nahen Sprachen wie dem Holländischen und dem Deutschen kann man Fehler machen ohne Ende.

Schon das Übersetzen der Außenseite eines Wortes ist schwierig; für seinen Inhalt, für das, was das Wort alles enthält, interessiert man sich kaum. Das Wort wird mit einer Braut verglichen, die voller Wunder, voller Geheimnisse ist für den, der sich nach ihr sehnt. Und wie die Braut dem Bräutigam, so öffnet sich das Wort dem, der es liebt. Dann ist kein Ende des Staunens und der Freude über das Wunder des Wortes.

Warum die Frau ihr Haar bedecken und schweigen soll

Wenn Worte sich öffnen, wenn ihr Inneres erlebt werden kann, dann lösen sich viele Mißverständnisse ganz von selbst auf, die vor allem bei biblischen Mitteilungen über »die Frau« entstanden sind. Ich denke hier z. B. auch an die Forderung, die Frau solle ihr Haar bedeckt halten, wie sie u. a. im bekannten 11. Kapitel des ersten Briefes an die Korinther aufgestellt wird. Daher auch der Brauch, der in der katholischen Kirche lange Zeit galt, daß eine Frau im Innern einer Kirche einen Hut, einen Schleier, zumindest aber ein Tüchlein auf dem Haar tragen mußte. Ich weise nur auf das Kopftuch der Frau im Islam hin, um deutlich zu machen, daß dieser Brauch auch in anderen Religionen und Kulturen besteht, und nicht etwa nur deswegen, weil die Haare der Frau auf andere Männer verführerisch wirken könnten.

Es heißt nämlich – ich habe davon schon öfters geschrieben und erzählt –, daß der Mensch, wenn er von der Frucht des Baumes der Erkenntnis nimmt, sein Kleid aus Licht verliert. Der Mensch war und ist immer von Licht, dem Licht

Gottes, umhüllt. So durchschaut und erlebt er
alle Zeiten und Welten, und es gibt für ihn nicht
Raum und Zeit, es gibt für ihn nicht die Dauer,
die wir als be-dauerlich empfinden. Wenn der
Mensch also dieses Lichtkleid verliert und nackt
dasteht, weil er sich nur äußerlich sieht, gibt ihm
Gott Kleidung, »Fell«, auch Haar. Und das Haar
wächst an jenen Orten des Leibes, wo das Licht,
das den Menschen durch Zeit und Raum hin-
durchleben ließ, sich konzentrierte.

Am Haupt, wo jetzt das Haar wächst, konnte
der Mensch durch Zeit und Raum schauen. In
alten Überlieferungen, Legenden und Mythen
ist daher vom »dritten Auge« die Rede, dem
Schädelauge oder dem Scheitelauge, das ganz
anderes sah als unsere beiden Augen. Wir haben,
heißt es, ein Drittel unserer Seh-Kraft verloren,
eben dieses eine Auge; zwei Drittel blieben übrig.
Oft finden wir in den alten Überlieferungen
die Mitteilung, daß »ein Drittel« – der Welt,
der Menschheit oder der Lebewesen – unter-
gegangen sei. Das ist natürlich nicht als stati-
stische Aussage zu nehmen. Es bedeutet, daß
das Eine, das Haupt, verschwindet, und die Zwei
allein zurückbleiben, die Zwei ohne dieses
Eine.

An der Stelle dieses einen Auges am Haupt wächst also jetzt Haar. Und Haar wächst jetzt auch in der Achselhöhle, dort, wo die Hand gelenkt wird, wo das Handeln zuvor ewigen Charakter hatte. Jetzt, wo es zeitliches Handeln ist, also Haar. Auch Haar jetzt an der Stelle, wo wir wußten, daß wir ewig leben, alle in einem, dort sind nun Geschlechter. Deshalb die Scham, die Schamhaare, als habe sich der Mensch seiner Haare zu schämen.

Vielleicht ahnen wir schon nach dem, was ich bisher von der Frau im Sinne des Weiblichen erzählt habe, warum gerade die Frau und nicht der Mann das Haupt bedecken soll. Die Schau des Weiblichen, des Äußeren, auch Äußerlichen, soll sich nicht hervortun. Denn das von außen Gesagte, das Eindeutige, ist eine Lüge. Das Äußere aufzeigen mit der Folge, danach auch zu urteilen, ist falsch. Bedecke das!

Das Bedecken des Hauptes und das Nicht-reden-sollen der Frau bedeutet dasselbe, ist in einem Begriff zu begreifen. Beides meint: Diese Schau ist äußerlich, wissenschaftlich äußerlich, ohne eine Ahnung vom Anderen. Und wenn diese Sicht an ihre Grenze gelangt, tritt Irritation ein. Das ist gerade heute, wo man sich der Grenzen in den Wissenschaften bewußt wird, deutlich. Dieses Andere, jenseits der Grenze, untergräbt sozusagen das Wissenschaftliche, nimmt ihm sein Fundament. Dem Äußeren wird die Tragfähigkeit entzogen.

Sie verstehen also, daß im Bild der »untreuen Frau« der Mensch gemeint ist, Mann oder Frau, der dem Äußeren verfällt. Es heißt, daß Gott dann zürnt. Warum sein Zorn? Weiß Gott nicht alles? Eines, wird geantwortet, weiß er eben nicht: Wie du dich in jedem Augenblick entscheidest, diese Freiheit überläßt er dir. Deine Entscheidung ist immer überraschend für Gott. Auch wenn du sozusagen programmiert wärest – du vermagst als Mensch jederzeit das Programm zu durchbrechen. Niemand anderer kann das für dich tun, nur du ganz allein.

Deshalb entbrennt Gottes Zorn, denn es ist wie eine Gratwanderung, immer steht alles auf des Messers Schneide. Gottes Zorn ist also keine pädagogische Angelegenheit, denn wenn alles am Untergehen ist, dann muß es *jetzt* geschehen, sonst ist es aus.

Der Zorn Gottes kann sich auf vielerlei Arten äußern, im persönlichen Schicksal, in Revolutionen, Kriegen, Katastrophen, Naturereignissen, aber auch in den Stimmungen des Menschen. Wenn Gott zu Adam oder zu Mose spricht, dann ist keine Stimme zu hören, wie schon die alten Kommentare zur Bibel sagen, sondern es äußert sich im stillen, als Stimmung beim Menschen. Es ist in ihm dann zum Beispiel ein Gefühl von Beziehung, von Liebe und Sehnsucht, daß er spürt: es ist gut. Kein Wissen, keine Sicherheit, die Freiheit bleibt bestehen: jeden Moment kannst du fallen.

Habe ich dir nicht das Wort gegeben, es dir offenbart? Aber gleich danach machst du das Goldene Kalb. Mein Zorn entbrennt, aber gleich lasse ich wieder Gnade walten, Barmherzigkeit, durch meine Weiblichkeit. Zwar möchte ich dich vernichten, zu Nichts machen, aber meine weibliche Seite fällt mir in den Arm: Tu nicht, was du nach Gesetz tun müßtest, denn du siehst doch, wie schwer es der Mensch mit seiner Freiheit hat! Die Schwerkraft ist da, er fällt, es ist schwierig, er hat Beschwerden. Wie kannst du vom Menschen erwarten, daß er aufsteigt? Ein bißchen vielleicht kann er fliegen, aber weit kommt er nicht, gemessen an den Millionen Lichtjahren ist das gar nichts. Und wie soll er sich geistig und seelisch erheben, wenn die Anziehungskraft der Welt, die Verlockung, die Versuchung des Diesseitigen, des Zeitlichen so groß ist?

Die Vier vom Baum der Erkenntnis, das Zeitliche, ist weiblich; das Ewige, die Eins vom Baum des Lebens, ist männlich. Aber, heißt es, beide Bäume haben *eine* Wurzel, bilden eine Einheit. Das Zeitliche ist nicht getrennt vom Ewigen, nein, das Zeitliche, die Welt, ist die Braut für den Bräutigam, wie es am Ende der Offenbarungen des Johannes auch gesagt wird. Der Bräutigam sehnt sich nach der Braut. Und wenn sie ihn verläßt, ihm untreu wird und fremd, sehnt er sich dennoch, mit ihr eins zu werden.

In den Offenbarungen ist es die Hure von Babylon, die große Hure, die Frau also, die untreu ist, die viele Männer hat. Sie ist nur dem gefällig, der ihr bezahlt. Ein kaufmännisches Verhältnis, Leistung gegen Leistung, keine Liebe umsonst. Das Drama der Verführung durch die Welt, das Drama der untreuen Frau, die dann auch im Neuen Testament nicht gesteinigt wird, denn »wer ohne Sünde ist« — wer als Mensch in der Erscheinung, Mann oder Frau, kann sagen, daß er niemals, absichtlich oder aus Versehen, sündigt?

58

— »der werfe den ersten Stein«. Wir sind also gar nicht so beschaffen, daß wir hier in der Welt urteilen oder verurteilen können.

Schechinna – Gott als verstoßene Frau in der Zeit

Das Weibliche zeigt sich, wie ich schon sagte, auch in der Erscheinung des Zeitlichen, und das Männliche im Ewigen. Es geht aber um die Ehe der beiden Seiten, ihre Einheit, so daß Zeitlichkeit an Ewigkeit gebunden ist, und Ewigkeit fortwährend aus seinem Sein Zeit schöpfen läßt. Sind die beiden aber getrennt, gespalten, dann vereinsamt die Zeitlichkeit, weiß sich nicht mehr gebunden und sucht nach einem Mann.

Es gibt in der Überlieferung im Judentum ein schönes, aber tragisches Bild vom Wohnen Gottes in der Zeitlichkeit, die »schechinna« genannt. Die Endung dieses Wortes zeigt Ihnen gleich, daß es ein weibliches Wort ist. Der Tempel, der Ort, wo die Wohnung Gottes ist, die Einheit, heißt auf hebräisch »beth ha-mik-dasch«, also »das Haus, das heilig ist«. Dort sind der Herr, die Herrin, und Gott in der Einheit da. Das Haus, das heil ist, verschwindet aber, wenn die Frau untreu wird, wenn Israel, wenn der Hebräer – und dieser Name bedeutet »Jenseitiger« – untreu wird; dann kann auch der Mann die Welt nicht mehr bewohnen. Gott verläßt dann die Welt. Dieses Verlassen ist kein Weggehen Gottes im Sinne einer Distanzierung, sondern es äußert sich in unseren Empfindungen einer Verlassenheit, wir fühlen uns einsam, »gottverlassen«, wie man sagt. Wir erleben Gott nicht mehr im Nichtbewußten, in unserem selbstverständlichen Ich. Das ist das Gefühl, dem die »Verwüstung des Tempels« entspricht. »Chorban«, Verwüstung, kommt von »chereb«, Schwert. Der Tempel ist dann abgeschnitten, das Schwert trennt die zwei, die eins sein sollten. Nur noch Ruinen, ein Bild der Verwüstung, wenn Gott nicht mehr in uns lebt. Gott in uns, heißt es doch, und wir in Gott. Wenn Gott uns verläßt, haben wir keine Beziehung mehr zu Gott im Sinne einer Verbundenheit, die Einheit, die Ehe von Nichtbewußtem und Bewußtem ist dann für einen Moment oder für längere Zeit getrennt.

Dann irrt Gott, wie es heißt, als Frau im Bild der »schechinna«, als Verstoßene oder wie eine Witwe mit einem Schleier, durch die Welt und sucht den Mann. Die »schechinna« von Gottes

Wohnen sucht Gott selbst. Ein Gefühl auch in uns, wo wir uns selbst suchen. Irgendwie spüren wir Gott in uns, erleben uns in Gott. Das läßt sich nicht weiter beschreiben, es ist eher wie eine Gewißheit im Gefühl. Wenn wir uns selber suchen, dann können wir dafür auch sagen, wir suchen Gott in uns.

Das heißt, wir wissen nicht, wer wir sind, wir wissen nicht, wer wir in Ewigkeit sind. Wir kennen uns in Zeitlichkeit, aber wir suchen uns in Ewigkeit. Und wir spüren: diese Verwüstung, daß Gott uns verläßt, will sagen, das Weibliche hat sich selbständig gemacht, hat sich freigemacht, hat sich emanzipiert, um dieses leicht mißzuverstehende Wort hier doch zu benutzen. Das Zeitliche allein, das zählt. Vergessen das Ewige, daß es das gibt.

So werden doch auch in der Theologie zeitliche Fragen der Bibel gestellt: Welche Verfasser haben sie geschrieben? Wann wurde sie verfaßt? Wann geschah dieses oder jenes Ereignis? Alles historische Fragen, Fragen der Zeitlichkeit. Während die Bibel solche abgeschnittene Zeitlichkeit gar nicht kennt. Es gibt kein Vorher und Nachher in der Bibel, lautet ein Grundsatz in der Überlieferung. Wer hier »Damals war das so« sagt, zeigt

damit schon, daß er nicht versteht. Die Bibel ist
Wort Gottes, ob man das nun glaubt oder nicht,
das ist eine Tatsache, unabhängig von den vielen
Meinungen, die es darüber gibt. Die Bibel ist
Wort Gottes bis zum kleinsten Strichlein, dem
Jota, wie es im Matthäusevangelium heißt. Es ist
nicht so, daß Gott, der Heilige Geist, die Schrift
nur so in großen Zügen inspiriert, die Ausarbeitung aber irgendwelchen Schriftstellern überlassen hat. Nein – das Kleinste und Geringste
nimmt Gott genauso ernst wie das Höchste, Wei-
teste. Der Vers der Bibel, den man nicht versteht,
ist genauso wichtig wie der Vers, den man ständig zitiert, weil man ihn gut zu verstehen glaubt.
Wie selbstverständlich überzeugt sind wir doch,
daß *wir* es sind, die beurteilen können, ob etwas
verständlich ist oder nicht!

So hat die Zeitlichkeit sich emanzipiert, und
dadurch wurde Gott zornig, zog sich zurück.
Denn diese Emanzipation, eine Folge des Neh-
mens der Frucht vom Baum der Erkenntnis, bedeutet ein Für-sich-sein der Zeitlichkeit, wodurch dann Grenzen da sind, Sterblichkeit. Gut,
man glaubt vielleicht, es geht nach dem Tod
weiter, eine andere, weitere Art von Zeitlichkeit
dann. Das Leben geht weiter, wie der Fluß weiter-

zieht. Die Vorstellung vom Totenschiff, das in andere Welten trägt. Gott aber sagt: Es geht nicht weiter, denn du, Mensch, bist ewig, wie ich ewig bin. Dort, wo du denkst, es geht weiter, wendet es sich, du bekommst ein neues Gewand. In der Wende erlebst du das gleiche wieder, aber auf einer anderen Ebene. Bild der Spirale. Du kehrst, auf anderem Niveau, zurück in diese Welt, wie du an der Grenze dieses Lebens, wie von den Alten beschrieben, Rückschau hältst, dein ganzes Leben zusammengefaßt in ein paar Sekunden siehst. Es wendet sich, und du bist wieder da, in der gleichen Welt, aber auf einer anderen Ebene.

Vielleicht glaubst du, du kannst hier alles sehen; aber du siehst doch nur, was deine Augen dir zeigen, das Spektrum zwischen Rot und Violett siehst du und etwas an den Grenzen, mehr nicht. So viele Frequenzen kannst du nie sehen, nie hören, und was du hörst, kannst du nicht sehen, was du siehst, nicht hören, obwohl es alles Schwingungen sind! Dir aber erscheint alles nur begrenzt.

Also kehrst du zurück, auferstanden, nicht mehr in der Zeit fließend, die du kanntest, sondern eine andere Zeit jetzt. Zeit ist dir nun Erlebnis, Erfahrung, neu, klar, erklärt. Du bist wieder in der gleichen Welt, aber nicht zu sehen hier. Deshalb *glaubt* man an die Auferstehung, denn wahrgenommen werden, wie in der Bibel, kann der Auferstandene hier nicht.

In unserer Zeitlichkeit, wo Gott sich aus der Welt zurückzieht, uns in uns verläßt, wird uns verheißen: Ihr könnt es jetzt nicht sehen, ihr könnt es jetzt nicht hören, ihr könnt es jetzt nur glauben. Aber in der anderen Weltzeit könnt ihr sehen und hören. Dann habt ihr ein anderes Erlebnis, die Zeit ist dort gerichtet, in Ordnung gebracht, und ihr lebt! Und dann wendet es sich vielleicht wieder einmal, und ein weiteres Mal, denn es gibt die vier Welten und die fünfte. Du kannst die Spirale hinaufgehen, könntest aber auch hinuntergehen. Der Abstieg in die Hölle, wie es heißt.

Die Hölle ist kein Ort, wo sich Teufel mit allerlei Marterwerkzeugen aufhalten, sondern Hölle, »scheol«, heißt ein Leben, wo Fragen da sind – »scheol« ist von »schaol«, fragen – *und* zugleich die Gewißheit, daß es keine Antworten gibt. Wenn du im Gefühl lebst: es gibt keine Antwort, ich glaube nicht, ich kann nicht glauben, daß es eine Antwort gibt, denn die Wissenschaft gibt keine –, dann bist du in der Hölle. Die

Spirale dreht dich dann nach unten: Purgatorium, Fegefeuer, Hölle.

Immer aber bleibt es dieselbe Welt, kommt dieselbe Welt wieder. Deshalb kennt die Bibel nur diese Welt, keine andere. Auch in den Offenbarungen des Johannes sind es die Stadt Jerusalem, der Tempel, die vom Himmel in diese Welt herabkommen. Die Auferstehung ist in dieser Welt; der Auferstandene ist an denselben Orten: Jerusalem, Emmaus, Galiläa, also nicht weit weg auf irgendwelchen Planeten oder Sternen, sondern nah, in der vertrauten Welt. Das Gefühl großer Distanzen stellt sich, heißt es, ein, wenn der Mensch die Beziehung zu Gott verliert. Dann wachsen die Entfernungen, auch von Mensch zu Mensch. Dann fühlt man sich in der Unermeßlichkeit des Raumes und der Zeit verloren. Wenn der Mensch aber mit Gott verbunden ist, dann ist ihm alles in der Welt in Zeit und Raum nah und vertraut.

»Es ist nicht im Himmel, daß du sagen müßtest: Wer will für uns in den Himmel fahren und es uns holen, daß wir's hören und tun? Es ist auch nicht jenseits des Meeres, daß du sagen müßtest: Wer will uns über das Meer fahren und es uns holen, daß wir's hören und tun? Denn es ist das

Wort ganz nahe bei dir, in deinem Munde und
in deinem Herzen, daß du es tust.« So sagt es
die Bibel im 5. Mose 30,12–14, und so zitiert es
auch Paulus im 10. Kapitel seines Römerbrie-
fes. Im Wort, das doch Gott ist, ist alles nah
und innig; du aber machst Distanzen. Wenn
sich die Zeitlichkeit freimacht, selbständig
macht, geht das Innige der Ewigkeit verloren.
Dem Menschen ist die Zeitlichkeit dann wie
eine Gottheit, ein Götze, er nimmt sie als ein-
zige Wirklichkeit und verliert dadurch den
Kontakt zum Ewigen.

Es erstaunt mich immer wieder, daß manche
Menschen, wie gut man es ihnen auch erklärt,
einfach nicht verstehen. Sie hören zwar die
Worte, verstehen sie aber nicht. Das liegt nicht
etwa an mangelnder Intelligenz, sondern es ist
ihnen unmöglich zu verstehen, sie sind abgeschnitten, es ist eine Art Deckel auf ihrem Herzen, sie sind zu, die Worte können nicht durch-
dringen.

Zeitlichkeit allein ist wie eine irrende Frau,
und die »schechinna«, Gottes Wohnen in der
Zeit, irrt dann auch durch die Welt und sucht
Gott. Bin ich nicht da in der Welt? Aber sie haben
sich von mir getrennt, nur Zeitlichkeit gilt bei

ihnen, von Ewigkeit wissen sie gar nichts mehr. Ewig, meinen sie, sei unendlich, aber gerade das Gegenteil ist der Fall. Ewig ist innig, nah, alles ganz intim.

Die frühen Maler haben das noch gespürt. Himmel und Erde und der Thron Gottes – alles ist in einem Raum da, ein Stückchen vertraute Landschaft, und gar nicht weit weg.

Weit weg ist es für uns, wenn uns der Glaube fehlt. Brauchst du dich zu sorgen? Gott sorgt schon. Du tu, was du kannst, in der Nähe, wo du bist, mehr ist dir doch nicht möglich. Du bist erschaffen worden, damit du glauben kannst, vertrauen. Das »Amen«, das wir so oft sagen, ein hebräisches Wort, bedeutet »ich glaube«, und gleichzeitig auch »ich vertraue«, »ich bin treu«.

Gottes Weiblichkeit, die »schechinna« sucht und irrt in der Zeit umher, klagend, weil niemand sie erkennt. Ein Klagen, ein Alleinsein, ein Irren, ein Suchen nach etwas – könnte man in solchen Gefühlen nicht spüren, daß Zeit ohne Gottes Weiblichkeit gar nicht sein kann?

Die vier Erzmütter

Der Name Gottes als Herr, oft auch nur »haschem«, »der Name« genannt, enthält doch im »je« und »howa« das Sein in der Zeit – aber keiner erkennt es. So irrt die »schechinna« herum, als Witwe mit dem Schleier, und muß erleben, daß keiner sie erkennt. So gibt es in gewissen Kreisen des Judentums den Brauch, die Nacht – Nacht auch des Lebens, wo alles unklar ist, wo man nichts mehr sehen kann, dafür aber einsehen könnte –, die Nacht also nach den vier Erzmüttern einzuteilen. Der erste Teil der Nacht heißt dann der Teil der »schechinna«, Gottes Wohnen, und die »schechinna« wird Rachel genannt. Rachel bedeutet »Mutter vom Lamm«.

Wer erkennt die Schöpfung? Ist etwa alles umsonst hier? So klagt die »schechinna«, die Mutter des Lammes; sie selbst aber bleibt treu, trägt das alles in der Zeit.

Es kommen dann Lea, Rebekka und Sara für die weiteren Phasen der Nacht. So stehen die vier Erzmütter für die Weiblichkeit Gottes, wie die drei Väter, Abraham, Isaak und Jakob, Zeichen von Gottes Männlichkeit sind.

Die Mütter und Väter in der Bibel sind eben

nicht als historische Gestalten zu fixieren. Wie die Bibel auch nicht das Ägypten mit den Pyramiden kennt, das uns aus der Geschichte bekannt ist. Ägypten, hebräisch »mizraim«, ist seinem Namen nach das Leben im Leid, weil man nur starre Formen und Alternative erlebt, die Gefangenschaft im Entweder-Oder. Man leidet, weil die Einheit fehlt, man leidet unter der Trennung. Wir alle leben *auch* in »mizraim« und leiden, weil wir wissen: *entweder* ich lebe *oder* ich bin tot.

Wir möchten leben, gewiß, aber wir möchten leben in Ewigkeit, nicht nur hier weiterleben mit der Gewißheit, daß dann doch der Tod kommt. Wir sehnen uns danach, daß das Leben hier ewig ist, hinaufgehend in die Spirale, kein Entweder-Oder kennt.

»Em kol-chaj«, Mutter allen Lebens wird Eva genannt. Und Mutter, »imma«, schreibt sich wie Elle, »amma«, wie wir schon gesehen haben. Die Elle also das Maß in der Bibel. Zeit und Raum ist nicht zu messen, nicht zu ermessen ohne die Mutter. Maßstab, Meßschnur ist im Hebräischen »kaw«, und dieses Wort ist der Stamm des hebräischen Wortes für Hoffnung, »tikwa«. Entscheidend für die Welt ist also die Mutter als

Maß, als Hoffnung. Die Trennung vom Männlichen, vom Erinnern, vom Innern des Menschen – die Verlassenheit, »gottverlassen« – kann nur im Nichtbewußten sein, damit wir uns sehnen nach Einheit. Im Bewußten möchte man *sehen,* vom Nichtbewußten her stammt unser Sehnen, im Nichtbewußten möchte man *glauben.* Vom Nichtbewußten kommt unsere Gewißheit, daß wir nur durch Glauben zur Liebe gelangen, diesem Wagnis der Hingabe und Hinnahme in einem.

Wenn du *siehst,* daß es so ist, und dann »liebst«, ist es schon wie ein Geschäft. Du erhältst dann eine schöne Gestalt, ein schönes Gesicht, ein schönes Aussehen, wie es in der Bibel heißt (Gen 3,6). Wenn du *glaubst,* daß es so ist, und liebst – und im Nichtbewußten vermagst du dich zu sehnen und gern zu glauben –, wirst du es auch erfahren.

Entweihung von Gottes Weiblichkeit

Wenn sich die Welt für die Zeit freimacht, dann geht sie in die Irre, in die Verirrung, denn der Mensch rechnet dann nur mit Zeit. Seine Mythen kennen dann das Ewige nicht, sondern künden nur von überhöhter, heroischer Zeit.

In der Welt wird dann auch diese Verwirrung sichtbar und offenkundig. So ist zum Beispiel eines dieser Zeichen heute die Umweltverschmutzung. Sie geht tiefer und reicht weiter, als wir glauben. Was chemisch und physikalisch sich feststellen läßt, die äußerlichen Schäden, ist nur wie die Spitze eines Eisbergs. Die Verschmutzung zeigt vor allem, wie »unsauber« unser Denken ist, wie oberflächlich, wie spezialisiert – das Ganze, die Einheit ist verlorengegangen. Nur Glaube aber und Liebe sind imstande, *das Ganze* zu sehen. Nur, heute beharrt man vielleicht mehr denn je auf der Aufteilung des Ganzen in viele, sehr viele Spezialgebiete. Und eine verwirrte und verwirrende Auseinandersetzung kreist um die Frage, wer wichtiger ist, wer recht hat: Ethik oder Ökonomie, Naturwissenschaften oder Theologie.

Man spürt, das ist eine Entweihung, eine Entheiligung der Weiblichkeit Gottes. Die »schechinna« weint, muß von Gott getröstet werden.

Aber der, der sich entzogen hat, die Welt und den Menschen verlassen hat, sagt auch: Ich komme zurück!

Wann?

In der Schrift steht: Bald. Die Zeit ist nahe, heißt es in den Offenbarungen des Johannes. Ihr aber stellt Berechnungen an. Es geht nicht um Berechnungen, es geht um das Wort, das nah ist, zum Greifen nah, zum Begreifen. Wenn ihr wollt, geschieht es jetzt. Aber ihr wollt nur konkret greifen, das Äußere, die Hülle sehen, während ihr doch endlich einsehen könntet. Ein-sicht, um diese Sicht geht es.

Die Welt, der tatsächlich die göttliche Weiblichkeit innewohnt, weiß nicht davon, weil sie nur ihr Zeitliches sieht und immer schärfer sieht. Die Medien sind fast wie die Schlange, die sagt: Schau, wie schön zum Ansehen! Ich kann dir zeigen, was in Tokio geschieht, in Kalifornien, in Johannesburg. Im gleichen Moment kannst du es sehen, blitzartig kann ich es dir zeigen, in Farbe sogar, und du kannst es auch gleichzeitig hören!

Ja, alles ist da – und doch ist es nicht da, denn du hast keine Freude, siehst nur deine Schranken, deine Sterblichkeit, denkst dir: vorläufig ist es so, später sehen wir mal weiter.

Wo aber, frage ich immer, sind wir in hundert Jahren? Im Grab, kremiert oder sonstwie zerfallen, lautet die Antwort des Wissenschaftlers.

Ich glaube aber, daß wir in hundert Jahren wohl da sind, hier, in derselben Welt, besser als jetzt. Ich glaube das, weil ich an die Auferstehung glaube. Wir sind nicht anderswo, nicht auf einem anderen Stern, sondern hier, denn die Gräber öffnen sich hier. Ein Grab birgt auch das Innere; hebräisch »kewer«, Grab, wie »kerew«, innen sein, nahe sein. Das Innere öffnet sich, und aus dem Innern kommt das Ganze hervor. Deine Erinnerungen haben die Einheit von allem auch in sich, wenn sie auch bei dir vielleicht verstorben, vergessen sind. Doch fühlst du, daß es im Innern sein kann, anwesend ist.

Weil Gott in der Zeit wohnt, die »schechinna« in den vier Müttern in der Zeit anwesend ist, ist jede Zeit auch »Ende der Zeit«. Jedes Jetzt ist der letzte Moment bis jetzt gewesen, und dann kommt ein neuer Moment, kommen neue Tage, neue Jahre. Für die Vergangenheit ist das Jetzt der letzte Moment, und es geht weiter. Auch jetzt, während ich spreche, geht es weiter, ist der »jüngste Tag« da.

Dieses Jüngste scheint sich sehr verirrt zu haben. Jede Zeit empfindet das auf ihre Weise. Bei den Griechen kann man lesen, nie sei die Jugend so schlimm gewesen wie in ihrer Zeit.

Ägypter und Römer behaupten dasselbe in ihrer Zeit. Im Mittelalter hat man die Jugend schrecklich gefunden, und heute sagt man es wieder. Es sieht auch so aus, denn es ist immer der jüngste Tag. Schlimmer, heißt es oft, kann es nicht werden, so verloren waren wir noch nie. Wir gehen weiter in der Welt, das ist nicht zu ändern, denn wir spüren: etwas muß kommen. Gnade ist doch da, Anna, nach der Legende die Mutter von Maria, belebt im Menschen die Erwartung, daß auch in der Zeitlichkeit ein Durchbruch kommen solle, etwas Neues, das tatsächlich Erlösung bringt.

Nie kann es kommen, weil wir gescheiter, braver oder frömmer werden, sondern es kommt als Überraschung. Glaubst du, sagt Gott, im Ewigen sei nur das Ewige da? Das Ewige, es enthält auch die Zeit, die Ehe von Zeit und Ewigkeit, von Frau und Mann, von Mutter und Vater. Du erlebst im Ewigen auch die Überraschungen des Zeitlichen.

Das Zeitliche kann immer Neues bringen. Gerade wenn du glaubst: Unmöglich kann es kommen!, gerade dann ist die Mutter da, überrascht dich, weil sie sich freut, wenn du dich überraschen läßt. Ohne Zeitlichkeit würde der

Ewigkeit etwas fehlen, sie wäre unvollkommen. Schon um der Überraschung willen muß das Zeitliche dabei sein. Die Mutter ist es, die das Kind überrascht und ihm mitteilt: Wir sind im Zeitlichen mit dem Ewigen verbunden. Nichts Zeitliches kann je vergehen, es bleibt bei dir. Und wenn du es dir schon gleichsam technisch in die Erinnerung zurückrufen, dir vorstellen kannst, dann könntest du auch ahnen, tief in dir, daß alles, was du erlebt hast und was du erleben möchtest, in Vollkommenheit da ist mit dir.

Mirjam und Maria

Diese Überraschung, diese Geburt des Neuen steht im Zeichen des Namens Maria. Deshalb möchte ich jetzt die Mirjam des Alten Testamentes in Erinnerung rufen. Sie, die Schwester des Mose, steht am Fluß, als Mose ins Kästchen gelegt wird, das dann auf dem Fluß schwimmt, mit dem Strom treibt. Mirjam schaut zu, was mit dem Kästchen weiter geschieht.

Hebräisch »tewa«, Kästchen, heißt auch »Wort«, man kann es so oder so übersetzen. Mirjam also hütet das Wort, das Wort, das doch Gott ist. Sie holt das Wort aus dem Fluß, aus dem

Fließen der Zeit heraus, sie bringt es in Ewigkeit. Deshalb der gleiche Name: Mirjam da, und Maria dort. Eine Hälfte und die andere Hälfte, sie bilden das Ganze, das Herz. Zwei Tafeln auch, eine rechts, die andere links, beide sind da zur Einheit. Das helle Blut und das dunkle Blut, beide Seiten. »Dome«, gleichen, kommt von »dam«, Blut. Gottheit gleicht der Menschheit; Adam läßt sich übersetzen mit »ich Blut«, »ich gleiche«. So sehen wir das Wort, wenn es aus der Zeit herausgefischt ist.

Wenn du aber auf das Zeitliche schaust: *Wann* war das? *Wann* wird es sein?, bist du verloren. *Jetzt* ist es bei dir da, wenn du willst, zum Greifen nah. Keine Uniformität, jedem bleibt es nach seiner Individualität überlassen. Jeder erlebt es auf seine Art, jeder in seinem Namen, mit seinem Schicksal. Für Gott ist jeder einzelne die *ganze* Welt, mit jedem erlebt Gott die Freude der Schöpfung.

Mystische Hochzeit

Deine Sehnsucht führt dich zum Einen in Ewigkeit, dorthin zu Gott, wo du selbst in Ewigkeit bist. Wie es die Mystiker sagen, am Ende bist du eins, eins mit Gott, bist Gott. Gott bildet keine Hierarchie, die immer über dir stünde, so daß du immer das Gefühl haben müßtest, erst an zweiter, siebter oder fünfzigster Stelle zu kommen. Nichts davon! Dort im Ewigen bist du im Haus Gottes mit den vielen Wohnungen. Immer haben es Mystiker so empfunden, es kann nicht anders sein, als daß der liebende Gott dir sagt: Du und ich, wir sind eins; oder, wie es im Sanskrit heißt, »tat wam assi«: Das bist du.

Die Frage, welche Religion, welche Einsicht zuerst war, früher, ist eine dumme Frage. Es gibt hier keine Reihenfolge im Sinne des Früher oder Später; es gibt aber eine Einheit. Und es ist die Einheit, die besteht, wenn die Mutter dem Vater verbunden ist. Dann herrschen Gnade, Liebe und Gesetz in einem. Erst wenn Hoffnung, Barmherzigkeit und Liebe anwesend sind, kann das Gesetz vollständig walten.

Ich hoffe, Sie konnten einigermaßen etwas von der Weiblichkeit Gottes hier miterleben. Und Sie spüren nun vielleicht auch, daß die Fragen nach Zeiten des Matriarchats oder des Patriarchats, Untersuchungen darüber, wer wen und aus welchen Gründen beherrscht oder sogar unterdrückt hat, Zeichen der Trennung, Fragen

der Verlassenheit sind. Es ist dann ein Umherir-
ren in der Welt, ein Irr-tum, wie es die Sprache
selbst weiß. Es stimmt nicht, die Stimme ging
verloren, nur das Äußere kann noch stimmen.
Das Äußere stimmt aber nicht mehr mit dem
Inneren zusammen.

So könnten wir erleben, daß eigentlich alles
ganz nah, das Wort zum Greifen nah ist bei uns.
Ist das nicht ein großes Glück? Und könnte uns
die Flamme dieses Glücks nicht erleuchten?
Dann wird es uns klar. Und wenn es *uns* klar
wird, dann könnte diese Klarheit doch auch anderen Menschen kommen und vielleicht dann auch
der Welt. Es herrscht eben nicht Patriarchat oder
Matriarchat bei Gott, sondern der Herr, unser
Gott ist Einer. Und er hat den Einen Menschen
geschaffen, der im Prinzip männlich und weiblich ist.

Wir könnten uns gewöhnen, das Geringste,
das Kleinste auch lieb zu haben, ihm zu glauben, ihm zu schenken, dann werden wir auf
einmal das große Licht, die große Flamme erleben. Das Kleinste, nicht das Große, ist eigentlich beeindruckend. Beim Großen schaust du
auf Zeitmaß, auf Quantität. Schau dorthin, wo
Qualität bei dir ist, Inbrunst, Intimität, dann

wirst du etwas von der großen Klarheit und Einheit erfahren.

Herrschaft des Mannes oder Herrschaft der Frau sollten für uns in bezug auf die Bibel keine Themen sein; das, hoffe ich, doch einigermaßen klargemacht zu haben. Wenn einer herrscht und andere unterdrückt, ist er aggressiv durch Zeitlichkeit. Das Zeitliche, das seinem Wesen nach Schranken hat, Grenzen, läßt ihn mit dem Kopf gegen die Wand rennen, macht ihn irritiert und böse.

Das Gefühl, die Gewißheit, im Ewigen zu leben, macht sanft. Dann kann man jedem das Beste gönnen, auch dem Feind, und sich freuen, wenn es ihm gut geht, und ihm wünschen, daß er dieselbe Freude erfährt, die man selber manchmal erlebt.

Weitere Bücher von Friedrich Weinreb

Zahl, Zeichen, Wort
Das symbolische Universum der Bibelsprache
107 Seiten. Broschiert. ISBN 3-88411-031-X
Eine kurzgefaßte Einführung in die Welt jüdischer Überlieferung, zugleich ein Zugang
zum Werk Friedrich Weinrebs.

Was ist beten? Lebenspraxis als Gebet
96 Seiten. Broschiert. ISBN 3-88411-023-3
Sind die vielberedeten Verhaltensstörungen des modernen Menschen in Wahrheit Ge-
betsstörungen? Dann allerdings handeln Gedanken zum Beten vom alltäglichen Verhalten des Menschen im Leben, umkreisen seine wahren Lebensverhältnisse.

Frömmigkeit heute
Eine Wende zum neuen Menschen
96 Seiten. Broschiert. ISBN 3-88411-032-2
Weist das alte Wort fromm in eine menschliche Zukunft voller Überraschungen? Ist das
Kennzeichen des neuen Menschen unbedachte Güte – also wahre Frömmigkeit?

Selbstvertrauen und Depression
55 Seiten. Broschiert. ISBN 3-88411-009-8
Der frohe, tanzende König David und der gedrückte, sich in Eifersucht verzehrende König
Saul leben an der Quelle unserer heiteren wie düsteren Stimmungen. Weinrebs einfühl-
same Deutung dieser beiden biblischen Könige vermag den Menschen aus seinen
depressiven Zwängen zu befreien.

Leiblichkeit
Unser Körper und seine Organe als Ausdruck des ewigen Menschen
128 Seiten. Broschiert. ISBN 3-88411-033-0
Ein kühner Vorstoß und weitreichender Entwurf zu einem befreiten Körperbewußtsein
aus dem alten Wissen des Judentums.

Innenwelt des Wortes im Neuen Testament
Eine Deutung aus den Quellen des Judentums
256 Seiten. Gebunden. ISBN 3-88411-034-9
Mit diesem Buch liest, erlebt und versteht man die Bibel ganz neu. Behutsam bahnt
Friedrich Weinreb dem Leser die Wege ins Innere des Wortes, wo dieser sich überrascht in
der Tiefe der eigenen Existenz wiederfindet.

Vom Geheimnis der mystischen Rose
48 Seiten. Broschiert. ISBN 3-88411-019-5
Eine Einführung in die Grundstruktur des symbolischen Weltverständnisses. Das ideale
Geschenk für Leute, die sich zur anderen Seite des Lebens hingezogen fühlen.

Die Wurzeln der Aggression
61 Seiten. Broschiert. ISBN 3-88411-008-X
Biblische Urbilder – Angriff der Schlange, Kain und Abel, der Haß der Brüder auf Joseph –
lassen Unfriede und Gewalt an ihren Quellen erleben. So öffnet sich dem teilnehmenden
Leser der Weg, der aus aggressiver Verstrickung herausführt.

im Thauros Verlag · D-8999 Weiler im Allgäu